Máscara para cabelos e couro cabeludo saudáveis

por

John William Orwell

Resumo

As máscaras capilares podem ajudar a hidratar e nutrir o cabelo. Eles são especialmente benéficos para cabelos secos, danificados ou crespos. Algumas máscaras capilares podem até melhorar a saúde do couro cabeludo e aumentar a força do cabelo. Contém dicas e truques para cuidados com os cabelos, receitas fáceis de preparar que ajudarão os leitores a se livrar de problemas com cabelos danificados sem recorrer a ajuda externa .

Índice:

Capítulo 1
Um pouco sobre os tipos de cabelo

O cabelo é a nossa beleza e orgulho, principalmente se for naturalmente bonito. Mas admita, o quanto sabemos sobre eles? Por que as pessoas precisam deles? Nós os cortamos, raspamos, enrolamos em rolos e os penteamos diligentemente com pentes e escovas para torná-los mais cheios. A maioria das mulheres também os penteia, tinge, alveja, borrifa. Nós alisamos cabelos cacheados e enrolamos cabelos lisos. Morenas querem se transformar em loiras e vice-versa. Arrancamos os cabelos, contamos tudo pelo cabelo, não somos inferiores a ninguém por um fio de cabelo, nos apegamos uns aos outros neles

comemos a calvície um do outro. Em uma palavra, tudo o que fazemos com eles! E então nos surpreendemos com o resultado.

"O cabelo é o ornamento mais rico das mulheres." – Martinho Lutero

O sonho de toda mulher é ter cabelos grossos, exuberantes, sedosos e brilhantes. Mas, para realizar esse sonho, é necessário cuidar deles diariamente e com muito cuidado. E isso significa que eles precisam ser lavados, limpos de sujeira e poeira, todos os tipos de escamas e micróbios, sebo, que se acumulam periodicamente em nossos cabelos. Também é importante poder penteá-los corretamente. E se você for repintá-los, primeiro certifique-se de seu próprio conhecimento nessa área, para não danificar ou estragar seu cabelo. O que é esse adorno, tão importante em termos estéticos, sociais e sexuais, que se chama cabelo? Essas fibras de proteínas mortas são filamentos fortes e flexíveis que crescem a partir de folículos capilares, ou folículos, profundamente na pele.

Graças à nutrição, as células do bulbo se multiplicam, o cabelo se alonga e gradualmente vem à superfície, transformando-se em uma haste. Consiste em três camadas: a camada central ou medular; cortical, em que há grãos da tintura que dá cor ao nosso cabelo e bolhas de ar; e camada escamosa. Se você tem cabelos saudáveis, as escamas se encaixam perfeitamente. Mas o cabelo pode morrer com um ajuste solto das escamas. Isso acontece com bastante frequência ao desbastar o cabelo, ou, em outras palavras,

bouffant imoderado, a uma certa carga de temperatura e influências químicas. Os ductos das glândulas sebáceas se abrem no folículo piloso. A gordura secretada por essas glândulas confere brilho ao cabelo, resistência à água e elasticidade.

Um músculo adere ao folículo piloso. Esses músculos podem ter espasmos e despentear nossos cabelos quando estamos com frio ou emotivos. O cabelo está morto! Embora sejam uma parte orgânica do corpo tanto quanto a pele, a partir do momento em que o cabelo emerge do folículo, ele não é mais nutrido pelo fluxo de sangue ou outro fluido vivificante.

Em representantes de diferentes raças, o cabelo difere em cor, estrutura, comprimento. Nos negros de ascendência africana, o cabelo na cabeça é lanoso e finamente encaracolado. Os nativos da Ásia, os esquimós, os índios, são negros, duros e retos. Nos negros americanos, entre os quais há muitos mestiços, eles podem ser lisos, ondulados, encaracolados, duros ou macios. Os representantes da raça branca têm cabelos macios, que podem ser lisos ou cacheados ou levemente ondulados. A cor do cabelo entre os europeus também é diversa: do preto azulado ao vermelho claro e brilhante.

Como regra, cada um de nós nasce com um certo número de folículos capilares (folículos) na cabeça. Cabelo bastante densamente cobre nossa cabeça. Apenas no topo da cabeça existem cerca de 300 cabelos por 1 cm2. Este número permanece o mesmo ao longo da vida. Cada folículo tem uma ou mais glândulas sebáceas que secretam um lubrificante que torna o cabelo brilhante e volumoso. O número de folículos e, consequentemente, a abundância ou escassez de cabelos é uma característica hereditária e individual de uma pessoa. Se seus pais tinham 100.000 fios de cabelo em suas cabeças, você provavelmente terá o mesmo.

Mas isso não é motivo de decepção. As deficiências do nosso cabelo sempre podem ser corrigidas, é claro, com algum esforço.

Em média, uma pessoa saudável perde de 50 a 120 fios de cabelo por dia. A perda de cabelo é compensada pelo

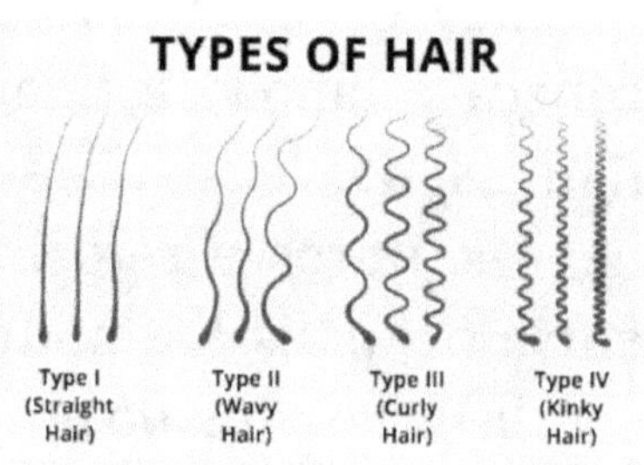

crescimento de novos, pelo menos até o início das mudanças relacionadas à idade no equilíbrio hormonal. Portanto, não fique chateado ao ver seu próprio cabelo em um pente.

Outra coisa é se eles forem regados em cachos, mas falaremos sobre isso separadamente.

os jovens e as crianças crescem o cabelo mais rápido, enquanto os idosos e os idosos são mais lentos. No verão, o crescimento do cabelo é muito mais intenso do que no inverno. O cabelo na cabeça cresce cerca de 1-1,5 cm por mês - portanto, leva cerca de dois anos para crescer o cabelo até os ombros. Mas eles não podem crescer indefinidamente. Eles não crescerão mais de 75 cm, mesmo que não sejam cortados. Após 2-4 anos, o folículo piloso do qual o cabelo cresce ficará cansado e adormecerá. Quando o cabelo cai, o folículo acorda novamente e começa a crescer um novo cabelo.

Se o couro cabeludo estiver saudável, o novo cabelo terá o mesmo comprimento e espessura do cabelo que caiu. Se a pele estiver doente ou muito oleosa, cabelos finos e fracos crescem no lugar dos caídos. Isso pode levar à sua descarga até a calvície.

Muitas mulheres enfrentam um problema muito comum, que para algumas reside em uma única palavra - cabelo. É o cabelo que cria a aparência única de feminilidade e sofisticação, e são eles que conseguem estragá-lo. O que é interessante: se uma mulher é capaz de esconder pequenos defeitos da pele sob uma camada de pó e base (embora esta opção esteja longe de ser a melhor), então o problema do cabelo não pode ser escondido de olhares indiscretos.

Afinal, nem todos os meios utilizados têm o efeito desejado, e muitas vezes acontece que eles não atuam em cabelos danificados. E novamente temos que afirmar com desânimo que esses fios partidos, sem vida e sem vida fazem parte de você. Bem Eu não! Certamente, muitos pensaram mais de uma vez sobre por que exatamente a cura milagrosa anunciada acaba sendo inútil ou, pior ainda, leva a um resultado indesejável. A principal razão para esses fenômenos é que determinamos incorretamente nosso tipo de cabelo. Os xampus costumam ter recomendações para o tipo de cabelo a que se destinam, mas muitos não prestam atenção a eles.

Ou eles simplesmente não sabem como determinar se o cabelo pertence a um tipo ou outro. Enquanto isso não é o mesmo difícil, você só precisa saber quais princípios seguir nesta definição.

O cabelo é normal, seco, oleoso e misto. Vamos dar uma olhada em cada um desses tipos e também pensar em quais produtos de cuidados devem ser escolhidos para eles. Vamos começar com o tipo que é o mais desejável para todos, sem exceção. Isso é cabelo normal. Na aparência, eles parecem ótimos: elásticos, vivos, com um brilho saudável. Do ponto de vista puramente estético, o cabelo normal parece ótimo, mas em termos de saúde, está em primeiro lugar em comparação com outros tipos.

O cabelo, assim como a pele e as unhas, é uma espécie de indicador do estado geral do corpo, e sua boa aparência indica que os órgãos internos estão funcionando normalmente. Ao torcer, o cabelo normal não quebra, mas quase imediatamente restaura sua forma original. Com cabelos normais, a atividade das glândulas sebáceas é tal que podem ser lavadas a cada 4-5 dias, às vezes até uma vez por semana. Claro, isso não se aplica à estação quente, quando você precisa lavar o cabelo com muito mais frequência. A espessura do cabelo normal, e de fato o cabelo de qualquer tipo, depende de muitos fatores e geralmente é diferente para todas as pessoas, no entanto, como regra, o cabelo normal não é muito fino.

Obviamente, com cabelos normais, um problema como a caspa é completamente excluído. Não é difícil cuidar do cabelo normal, não leva muito tempo. Como já mencionado, basta lavá-los a cada 5 dias. Para lavar, é melhor usar detergentes bastante suaves. Tente comprar shampoos para cabelos normais. Várias espumas e géis podem ser usados para corrigi-los, mas o cabelo normal geralmente é fácil de pentear sem ele. Para consertá-lo, você pode usar vários vernizes medicinais, que agora estão em abundância nas lojas. É melhor escolher um spray de cabelo de baixa fixação enriquecido com vitaminas, pois mesmo o cabelo normal precisa de reforço.

Produtos de cuidados baratos e de baixa qualidade podem piorar significativamente a condição do cabelo e, portanto, você não deve derramar verniz pesado na cabeça, que você dúvida.

Isso não é especialmente recomendado na estação quente, porque sob a influência da radiação solar, as escamas córneas na superfície do cabelo se abrem e os componentes de verniz, gel e outros produtos de modelagem penetram profundamente no cabelo. De vez em quando, o cabelo normal deve ser mimado com misturas terapêuticas ou envoltórios. Isso é feito para manter sua beleza natural e bom estado, bem como protegê-los das influências ambientais. Afinal, os cabelos no inverno e no verão são testados quanto à força: no inverno - do frio e do uso de chapéus, no verão - do sol, poeira e água.

Para cuidar dos cabelos normais no inverno, você deve usar xampus mais suaves do que no verão, além de condicionadores. No verão, o uso de bálsamos também é desejável, mas é melhor escolher aqueles que são feitos à base de extratos de plantas e têm efeito protetor solar. Aplicar e esfregar misturas terapêuticas não deve ser muito frequente, uma vez por mês é suficiente. Se você os fizer com mais frequência, poderá "alimentar demais" o cabelo, tornando-o muito liso, o que dificulta o penteado.

Em geral, o cabelo normal não requer cuidados especiais. Por isso eles são fundamentalmente diferentes das secas, que devem ser cuidadas sem interrupções significativas. Mas primeiro, vamos descrever os princípios pelos quais o cabelo seco pode ser distinguido de todo o resto. O cabelo seco não brilha, quebra e fica áspero ao toque. Eles são muito finos e sem brilho, divididos nas pontas. O cabelo limpo e seco é macio e leve, e muitas vezes irradia eletricidade estática. O couro cabeludo pode ficar coberto de caspa seca, pois o trabalho das glândulas endócrinas é prejudicado.

A elasticidade dos cabelos secos é muito baixa, então eles costumam quebrar, facilmente emaranhados e amarrados em nós, permanecem secos mesmo quando não são lavados com shampoo por muito tempo. Eles são muito difíceis de encaixar. Como o teor de óleo da pele é insuficiente para cabelos secos, há um equívoco de que esse tipo de cabelo deve ser lavado com pouca frequência. Na verdade, isso está longe de ser o caso, já que o único efeito dessa medida será ainda mais deterioração do cabelo e mau humor (ninguém gosta de ver fios opacos e sem vida na cabeça). O cabelo seco deve ser lavado à medida que fica sujo, mas ao contrário do resto tipos, requerem cuidados especiais, que devem necessariamente acompanhar cada lavagem.

Certifique-se de esfregar óleo em seu cabelo, antes de cada lavagem com este procedimento. Aplique uma pequena quantidade de óleo na mão e esfregue cuidadosamente nas raízes do cabelo com as pontas dos dedos. Como as glândulas endócrinas secretam poucas substâncias, o cabelo deve ser reforçado artificialmente. Após aplicar o óleo nos cabelos e suas raízes, massageie levemente a cabeça com as pontas dos dedos ou com uma escova de massagem comum comprada especificamente para esse fim. Assim, você distribuirá uniformemente o óleo aplicado por todo o comprimento do cabelo, o que contribuirá para uma melhor penetração dos nutrientes neles.

O cabelo seco quase sempre se divide nas pontas. Isso se deve ao fato de que os nutrientes não chegam às pontas, a oleosidade das glândulas é tão baixa que não é suficiente nem lubrificar o cabelo na raiz. É por isso que as pontas dos cabelos secos precisam de cuidados especiais. A aparência do cabelo cortado é muito desordenada e, se esse problema já surgiu, deve ser resolvido de maneira radical com a ajuda de uma tesoura. No entanto, é bem possível evitar a ocorrência de pontas duplas. Para fazer isso, antes de cada lavagem, lubrifique cuidadosamente as pontas do cabelo com óleo vegetal aquecido.

Para cabelos secos, é necessário usar várias misturas, que incluem produtos como gema de ovo, manteiga, creme de leite, maionese, kefir gordo, mel líquido e outros. Uma mistura de suco de cebola em combinação com gema de ovo e manteiga ajuda bem. Se obter suco de cebola parece muito problemático, ele pode ser substituído por suco de aloe ou suco de limão diluído. Infusões de muitas ervas são um excelente ingrediente para fazer enxágües capilares. Esses procedimentos devem ser realizados regularmente, porque, caso contrário, o cabelo cai sem vida e às vezes começa a cair.

Se ocorrer ressecamento excessivo, inicie o tratamento imediatamente. Pode ser independente, composto por vários agentes terapêuticos, e profissional. Todo mundo provavelmente já ouviu falar que agora em muitos salões ou clínicas de cosmetologia, os procedimentos para fortalecer as raízes do cabelo são comuns. Quanto aos métodos disponíveis em casa, eles

são muito numerosos. Em primeiro lugar, são várias composições medicinais, prontas e feitas em casa. Misturas, emulsões, bálsamos - esta não é uma lista completa do que é necessário para manter o cabelo seco e dar-lhe uma aparência saudável.

Os medicamentos eliminam a aspereza da superfície dos cabelos, os tornam mais obedientes, eliminam a eletrificação e o ressecamento excessivo do couro cabeludo. Eles também são capazes de se livrar de sensações desagradáveis que acompanham o cabelo seco, como coceira no couro cabeludo, caspa. Se você escolheu um bálsamo adequado e está muito satisfeito com os resultados, lembre-se de que depois de um tempo o cabelo se acostumará e não perceberá mais os componentes que compõem sua composição. Portanto, para obter melhores resultados, compre pelo menos duas lavagens diferentes e troque-as de tempos em tempos.

A melhor opção seria usar um bálsamo cerca de 4-5 vezes e, em seguida, para a lavagem subsequente, o bálsamo precisa ser trocado. Depois disso, você pode retornar ao seu bálsamo favorito novamente. A propósito, todos os itens acima são verdadeiros para xampus. Normalmente, os condicionadores são aplicados no cabelo após a lavagem e, após um curto período de tempo, enxaguar abundantemente com água. No entanto, também existem bálsamos que podem ser aplicados em cabelos secos e não requerem enxágue.

Existem bálsamos que podem ser aplicados no cabelo a qualquer momento, assim que sentir o ressecamento excessivo. Eles são perfeitamente absorvidos e eliminam o desconforto, além de melhorar significativamente a aparência do cabelo. Existem várias opiniões sobre a frequência de lavagem do cabelo seco. Alguns especialistas acreditam que eles devem ser lavados não mais do que uma vez a cada 7-10 dias, mas melhor e com menos frequência.

No entanto, há outra opinião que recentemente se tornou mais relevante. Lavar o cabelo seco é bastante aceitável cerca de uma vez a cada 5 dias, mas certamente com um xampu adequado para esse tipo. Não use um xampu que diga "Para todos os tipos de cabelo". É improvável que ajude o cabelo a superar o ressecamento excessivo. Você só deve comprar detergentes para o cabelo projetados especificamente para o tipo descrito. Para lavar o cabelo seco deve-se usar água normal da torneira, pois está saturada com cloro, que tem um efeito de secagem.

Os produtos de modelagem para cabelos secos certamente devem ser enriquecidos com nutrientes, só assim podem ser usados para esse tipo. Isto é especialmente verdadeiro para vernizes. Senhoras dotadas de cabelos secos devem ter cuidado com o uso de corantes. Ao colorir, lembre-se sempre de que o cabelo seco é muito suscetível, o que significa que o tempo de contato do cabelo com a composição da coloração deve ser mínimo, se possível. E isso se aplica não apenas às tintas de origem química, mas também às naturais.

Para muitos de nós, o problema do cabelo oleoso é relevante. Têm uma estrutura fina, elástica, abundantemente coberta de gordura. Eles brilham muito forte, mas isso não é o mesmo brilho do tipo normal. O cabelo parece oleoso, dá a impressão de sua maciez, sua aparência é muito desarrumada. Se você passar papel de seda no cabelo oleoso, ele deixará uma marca gordurosa. Normalmente, no segundo dia após a lavagem, eles ficam novamente gordurosos e grudados. O penteado perde a forma, o cabelo fica opaco e o brilho, ao contrário, aumenta. Esse cabelo dá muitos problemas ao seu dono, porque eles precisam ser lavados todos os dias.

No entanto, o número e a duração do procedimento de lavagem podem ser reduzidos usando diferentes produtos para o cuidado dos cabelos oleosos. As misturas para cabelos oleosos devem conter clara de ovo, suco de limão, vinagre diluído em água, sucos de frutas, kefir, leite coalhado, soro de leite. Todos estes produtos têm um efeito adstringente e reduzem a atividade das glândulas sebáceas.

O uso de misturas requer regularidade, não devendo fazer pausas muito longas entre os procedimentos. Após a lavagem, é uma boa ideia enxaguar o cabelo com água acidificada - com qualquer suco de fruta ácido diluído: limão, cranberry, laranja. Na ausência deles, o vinagre comum também é adequado, mas não exagere. Para 1 litro de água, 1-2 colheres de chá são suficientes. 3% vinagre.

A propósito, o vinagre de maçã é ótimo para enxaguar o cabelo após a lavagem. Para cabelos oleosos, é desejável usar vários produtos de modelagem: géis, espumas, mousses, sprays. Como já foi referido, impedem a propagação da gordura, o que provoca uma sensação de alguma secura. O cabelo parece mais arrumado e exuberante. Para cabelos oleosos, o uso moderado de agentes de coloração é útil. Como você sabe, eles secam um pouco o cabelo e, além disso, dão uma cor rica e eliminam o excesso de brilho. Tudo isso contribui para uma aparência mais estética do cabelo.

"A vida é curta. Você pode muito bem viver com um cabelo realmente ótimo."

No entanto, não abuse das tintas, pois todos os corantes de origem química também afetam as raízes, pelo que pode começar sua perda aumentada. A propósito, muitos corantes de origem vegetal, usados com bastante frequência, também ajudam a eliminar o excesso de gordura. Henna, camomila e basma são ideais para manter a aparência do cabelo em alto nível. Além disso, muitas outras ervas são maravilhosas para eliminar a secreção excessiva. Estes incluem, em particular, urtiga e hortelã.

A casca de carvalho é um excelente adstringente. Com cabelos oleosos, você pode tentar lavá-los com sabão medicamentoso - sulfúrico, alcatrão ou bórico, mas isso só é permitido se a oleosidade do cabelo for muito alta. Caso contrário, você corre o risco de secar o cabelo, privando-o da umidade necessária. Para lavar cabelos oleosos, é útil usar mostarda seca diluída em água na proporção de 2 colheres de sopa. eu. para 1 litro de água. No entanto, fazer isso com muita frequência ainda não é recomendado, pois esse remédio é bastante forte. O cabelo oleoso, ao contrário do cabelo seco, é útil de vez em quando para secar com um secador de cabelo, mas para isso é melhor usar um jato de ar frio.

Os cabelos oleosos não devem ser lavados com água muito quente, pois a alta temperatura aumenta a atividade das glândulas sebáceas. É melhor lavá-los com água a uma temperatura moderada e depois enxaguar com água fria e aplicar imediatamente o produto de modelagem. Dessa forma, você dará ao cabelo uma aspereza que impede a distribuição da gordura por toda a sua superfície. Entre as lavagens, limpe a parte da raiz do cabelo com uma esponja embebida em infusão de urtiga com vinagre ou suco de limão.

Útil para cabelos oleosos e produtos que contenham álcool. Eles podem ser facilmente preparados em casa, basta adicionar 1 colher de sopa. eu. álcool medicinal em um copo de infusão de ervas.

Mas na maioria das vezes existe um tipo de cabelo que é comumente chamado de misto. Talvez esse cabelo dê mais problemas ao seu dono. A parte basal deles geralmente é oleosa e as pontas são secas. Como regra, os tipos de cabelo mistos são encaracolados nas pontas. Eles adquirem esse recurso se houver caspa que impeça a propagação da gordura pelo cabelo.

Ao lavar os cabelos secos com shampoo para cabelos oleosos, muitas vezes ocorre uma sensação de ressecamento e, ao usar um produto para cabelos secos, o excesso de oleosidade começa a aparecer na parte da raiz. As pontas do cabelo do tipo misto geralmente são divididas, precisam ser cortadas regularmente. É muito difícil escolher o produto certo para o cuidado de cabelos mistos. Isso se deve principalmente ao fato de que especialistas recentemente destacaram esse tipo de cabelo como independente. Lavar o cabelo misto é melhor com um xampu suave projetado para todos os tipos de cabelo.

Antes de lavar, unte as pontas com óleo vegetal e esfregue um produto especial para cabelos oleosos nas raízes. Lave o cabelo misto com água morna e, após a lavagem, enxágue com infusão de ervas. É útil de vez em quando fazer misturas especiais para eles ou aplicar bálsamos. Não importa que tipo de cabelo você tenha, a massagem no couro cabeludo é muito benéfica. A propósito, os movimentos de massagem podem ser esfregados no óleo do couro cabeludo, para que seja melhor absorvido.

Então, descrevemos todos os tipos comuns de cabelo. No entanto, nos frascos de xampus e outros produtos para o cabelo, muitas vezes você pode ver inscrições como "Para cabelos ralos", "Para cabelos coloridos", "Para cabelos secos descoloridos", "Para pontas duplas", "Para cabelos com permanente" e outros. Tudo isso fala da variedade de tipos, que recentemente foi levada em consideração pelos fabricantes de cosméticos.

Agora você pode escolher a ferramenta certa para você e levar em consideração as características individuais do seu tipo. Os produtos para cabelos coloridos permitem restaurar a estrutura quebrada, deixar o cabelo vivo e bonito. Existem muitos complexos restauradores vitamínicos adequados para cabelos tingidos e danificados, e apenas para cabelos secos. Tais complexos são extremamente úteis e dão um resultado muito tangível. No entanto, ao tratar o cabelo e o couro cabeludo, não se deve esquecer da medicina tradicional, cuja eficácia foi testada por mais de uma geração. As receitas para esses fundos são dadas abaixo.

"Se uma mulher tem cabelo comprido, é uma glória para ela."

Capítulo 2
Máscaras e bálsamos para todos os tipos de cabelo

Cabelo luxuoso, esfregão, às vezes até uma "juba" - é o que dizem sobre cabelos bonitos com uma parcela de respeito e leve inveja. E não é à toa, porque o cabelo é a decoração mais natural e maravilhosa de uma mulher. Então, às vezes, cabelos exuberantes e bem cuidados não causam menos prazer do que roupas caras. E a primeira condição para sua boa aparência e crescimento normal é o cuidado adequado para eles. "Belezas que o mundo não viu" ou "nem em um conto de fadas para dizer, nem para descrever com uma caneta" - era assim que as mulheres russas eram descritas desde os tempos antigos.

A eles valorizam muito seus cabelos. O cabelo, solto ou trançado, era sinal de juventude e beleza especial. Apenas as meninas tinham o direito de deixar o cabelo cair sobre os ombros e o peito. Para uma mulher casada, isso era considerado indecente e inaceitável.

Como, afinal, nossos ancestrais conseguiram manter sua beleza por muitos e muitos anos, porque naquela época longe de nós não havia cremes especiais, xampus, formulações para cabelos, condicionadores? Recordemos as receitas e os pequenos segredos das nossas avós e bisavós, que chegaram aos nossos tempos em antigas crónicas e herboristas. O cabelo começou a ser cuidadosamente cuidado desde cedo, lembre-se das palavras da canção de ninar: "Cresça, trança, até a cintura, não deixe cair um único fio de cabelo". Para deixar o penteado liso e arrumado, o cabelo era untado com óleo de bardana ou óleo de linhaça, uma mistura composta por um copo de rábano ralado em um ralador fino e dois copos de vinho esfregados na pele. Depois de usar esses produtos, o cabelo ficou mais grosso e cresceu melhor.

Para deixar o cabelo macio e sedoso, eles comiam gema crua uma vez por semana e também tomavam 1 colher de chá. manhã e à noite antes das refeições, uma mistura de suco de rábano fresco (1/2 xícara) com 1 colher de sopa. eu. querida.

Vamos usar receitas testadas pelo tempo e tentar melhorar a condição do nosso cabelo.

Para que o seu cabelo adquira um brilho e beleza naturais, aconselhamos a preparar as seguintes misturas adequadas a todos os tipos   de   cabelo.

Requeridos:1/2 xícara de óleo vegetal, 1 colher de chá de lanolina, flores de camomila, folhas de urtiga esmagadas, folhas de bétula, amores-perfeitos e suco de limão, gema de ovo.

Método de cozimento. Aqueça o óleo junto com a lanolina em banho-maria, adicione as ervas e deixe ferver por 30 minutos. Em seguida, coe e deixe esfriar um pouco, misture a infusão com uma mistura de gema batida e suco de limão.

Modo de aplicação. Aplique uma mistura nutritiva quente no cabelo 1 hora antes de lavar e cubra a cabeça com um lenço.

"A beleza interior é ótima, mas um cabelo fabuloso e saudável nunca é demais!"

mistura de mel

Requeridos:1 ovo, 1 colher de chá. mel, 2 colheres de chá de mamona ou azeite.

Método de cozimento. Bata o ovo, adicione a manteiga e o mel e bata bem até ficar homogêneo.

Modo de aplicação. Aplique a mistura resultante no cabelo repartido com uma esponja e cubra com filme plástico. Enrole a cabeça em uma toalha. Segure esta mistura por 20-25 minutos e lave o cabelo com água morna ou decocção de ervas.

Mistura de conhaque

Requeridos:1 gema de ovo, 1 colher de sopa. eu. azeite e conhaque.

Método de cozimento. Misture esses ingredientes até obter uma massa homogênea.

Modo de aplicação. Aplique a mistura no cabelo por 30 minutos e depois enxágue com água morna.

As misturas propostas atuam de forma muito intensa e têm um efeito terapêutico e preventivo poderoso. Portanto, eles podem ser usados por todos, sem exceção. Além disso, eles fornecerão ao seu cabelo um excelente estilo. Para a preparação de misturas e cremes, bem como ingredientes individuais para o cuidado do cabelo, recomendamos o uso de ervas medicinais. Eles têm um efeito curativo no cabelo desde a raiz até as pontas, tornando-os fortes, fortes, promovendo seu crescimento e melhorando sua aparência.

Decocção de cálamo

Requeridos:2 colheres de sopa. eu. rizomas esmagados de cálamo e bardana. Método de cozimento. Misture os rizomas de cálamo e bardana e

ferver em 1 litro de água. Infundir a decocção por 6 horas, depois coar. **Modo de aplicação.**Lave a cabeça com decocção 1-2 vezes por semana.

Devido ao conteúdo de uma grande quantidade de minerais e nutrientes nos rizomas de cálamo e bardana, o cabelo adquire brilho e vitalidade saudáveis. Além disso, o cálamo contém até 150 mg de ácido ascórbico, ou vitamina C, que falta tanto em nosso corpo no período outono-primavera.

O cabelo oleoso é caracterizado pelo aumento do brilho, gruda em mechas separadas, suja muito rapidamente e mesmo após a lavagem

ter uma aparência desordenada. Para cuidar
deles, recomendamos decocções e infusões
de ervas medicinais.
35

"Um bom cabelo traz boa sorte!" – Chinonye J. Chidolue

Infusão de folhas ou botões de bétula para cabelos oleosos

Requeridos:1º. eu. folhas ou brotos de bétula picados, 1 copo de água.

Método de cozimento. Despeje água fervente sobre as folhas e insista 2 h.

Modo de aplicação. Lave a cabeça com infusão uma vez por semana.

Requeridos:15 flores de tansy, 1 copo de água.

Método de cozimento. Despeje água fervente sobre as flores de tansy e insista por dois dias.

Modo de aplicação. Lave o cabelo com infusão 2 vezes por semana durante dois meses. Mas tenha cuidado, a infusão de tansy é muito venenosa, portanto, tome cuidado ao colocá-lo dentro e mantenha-o longe das crianças.

Também é útil usar preparações alcoólicas de plantas medicinais. Então, tinturas de álcool são esfregadas no couro cabeludo com um

cotonete. Nesse caso, vários fatores agem ao mesmo tempo: substâncias biologicamente ativas de plantas e álcool ajudam a remover o excesso de gordura do cabelo e do couro cabeludo, e a fricção na forma de massagem melhora a circulação sanguínea na pele. As seguintes plantas dão o maior efeito: aloe ou agave, calêndula, Sophora japonesa, cavalinha.

"Quando uma mulher não é bonita, as pessoas sempre dizem: 'Você tem olhos lindos, você tem cabelos lindos'." – Anton Chekov

Tintura de frutas Sophora

Requeridos:10 g de frutas Sophora, 50 g de vodka.

Método de cozimento. Moa as frutas e despeje a vodka, deixe por 10 dias. Filtre a tintura antes de usar.

Modo de aplicação. Esfregue a tintura de álcool no couro cabeludo a cada dois dias por 20 dias.

tintura de cavalinha

Requeridos:10 g de erva cavalinha, 100 g de vodka.

Método de cozimento. Encha a grama com vodka e insista por 15 dias.

Modo de aplicação. Esfregue a tintura no couro cabeludo com um cotonete 3 vezes por semana durante um mês. É desejável realizar tais procedimentos periodicamente.

O cabelo precisa de atenção especial na primavera, quando nosso corpo está mais enfraquecido, e isso afeta imediatamente sua condição. Além disso, recomenda-se diversificar a escolha das ervas, pois é possível se acostumar com elas e, consequentemente, o efeito pode diminuir. Além disso, os donos de cabelos oleosos são aconselhados a evitar alimentos doces e gordurosos.

É contra-indicado abusar de vários doces, especiarias, é melhor excluir carnes defumadas, enlatados e café da dieta, e recomendamos substituir a maioria das gorduras animais por óleos vegetais. E lembre-se que o excesso de gordura no couro cabeludo não é uma doença, mas depende do metabolismo do corpo. Então comece com a organização primeiro.

uma dieta equilibrada rica em vitaminas e minerais. É desejável incluir no menu um grande número de legumes, frutas, vários produtos lácteos. Além disso, cereais (por exemplo, aveia) devem aparecer em sua dieta de tempos em tempos, contendo, além de vitaminas, também sais de silício, enxofre, além de oligoelementos como cobalto e cobre.

Muitas vezes, na adolescência, as meninas sofrem com o aumento da secreção de sebo e, para deixar o cabelo arrumado, tentam lavá-lo o mais rápido possível. No entanto, isso não só não ajuda nessa situação, como, ao contrário, aumenta a oleosidade do cabelo. Meninas com cabelos compridos, com esse problema, decidem um passo corajoso para elas - e cortam o "orgulho da beleza feminina". Mas isso também não é uma solução para o problema, já que o cabelo curto fica oleoso ainda mais rápido.

É melhor preparar uma solução acidificada (1 colher de chá de vinagre ou 1 colher de sopa de decocção de camomila por 1/2 litro de decocção de folhas de urtiga) e enxaguar o cabelo com ela depois de lavar o cabelo.

Além disso, para retirar o excesso de gordura, você pode usar uma loção, que também é muito fácil de preparar em casa.

Loção para cabelos oleosos

Requeridos:4 colheres de sopa. eu. suco de limão, 1 copo de álcool ou vodka. Método de cozimento. Misture o suco de limão com álcool ou vodka.

Modo de aplicação. Esfregue esta loção nas raízes todas as manhãs.

B por um mês, você pode tomar uma preparação de levedura - fitin - um comprimido uma vez ao dia. Como resultado, você normaliza seu metabolismo, pois a levedura é uma fonte de vitaminas que regulam os processos biológicos básicos e afetam todas as funções vitais do nosso corpo.

Cabelos secos requerem cuidados especiais. As causas do cabelo excessivamente seco são muito diversas. Eles podem ser um fator hereditário e distúrbios da glândula tireóide ou do sistema nervoso, bem como a falta de vitaminas e oligoelementos no corpo.

Os cabelos secos tornam-se gradualmente mais finos e logo perdem o brilho, tornam-se quebradiços e quebram. E não tente eliminar esses fenômenos com lavagem frequente, pois isso só agravará a pele seca e, portanto, a condição do cabelo.

Todos os produtos que desengorduram o couro cabeludo e o cabelo - sabão, água dura, soluções alcoólicas, permanente, coloração frequente
- só vai prejudicá-lo. A atividade das glândulas gordurosas pode ser ativada. A maneira mais fácil de conseguir esse resultado é pentear o cabelo com frequência. Também é útil esfregar óleo de mamona, bardana, linhaça ou cânhamo no couro cabeludo. Para fazer isso, ele precisa ser levemente aquecido e aplicado na pele com um pedaço de algodão algumas horas antes da lavagem, quebrando o cabelo em mechas. E para que o óleo seja melhor absorvido, recomenda-se esfregar o cabelo com as palmas das mãos sobre o vapor até que fique macio e brilhante.

Uma mistura de 3 partes de óleo de rícino e 1 parte de mel é especialmente útil. Depois de aplicar esta mistura, recomenda-se cobrir a cabeça com um saco plástico e por cima com uma toalha felpuda. Após a lavagem, o cabelo é levemente umedecido com óleo de bardana.

De tempos em tempos, recomenda-se lavar o cabelo seco com leite azedo ou gema de ovo. O leite azedo é aplicado espessamente no cabelo e no couro cabeludo, a cabeça é coberta com um lenço quente e lavada com água morna após 10 a 15 minutos.

Bálsamo de ervas com óleo vegetal para cabelos secos

Requeridos:1/2 xícara de ervas secas ou frescas picadas

- flores de trevo branco, camomila, capuchinha, erva de São João, folhas de urtiga e bétula, 1/2 xícara de qualquer óleo vegetal.

Método de cozimento. Despeje a mistura de ervas com óleo e infundir por uma semana.

Modo de aplicação. Esfregue o bálsamo no couro cabeludo, pré-aquecendo-o, 1 hora antes de lavar.

Para cabelos secos, também é recomendado o uso de infusões de ervas e plantas medicinais. Assim, por exemplo, é para cabelos secos que infusões de orégano, cebola, coltsfoot, choupo preto, violeta tricolor, flores de magnólia, salsa, capuchinha e outras ervas são indispensáveis. Aqui estão algumas receitas muito simples para você experimentar.

Infusão de água de flores de magnólia

Requeridos:3 arte. eu. folhas de magnólia esmagadas, 1 litro de água. Método de cozimento. Despeje as folhas com água fervente e insista em durante o dia em um recipiente fechado.

Modo de aplicação. Use a infusão para lavar o cabelo uma vez por semana.

Da mesma forma, as infusões são preparadas a partir de outras ervas, como orégano, violeta ou coltsfoot - na proporção de: 15 g de grama por 1 litro de água fervente. Essas infusões lavam a cabeça ou esfregam no couro cabeludo com um cotonete. O número de tais procedimentos é de 10 a 15 vezes com frequência de uso 2 vezes por semana. Você pode alternar o uso de decocções de várias ervas, assim você apenas potencializa seu efeito terapêutico.

tintura de cebola

Requeridos:10 g de casca de cebola picada, 1/2 xícara de água. Método de cozimento. Despeje água fervente sobre a casca e

infundir por 5 horas em um recipiente bem fechado, depois coar. Modo de aplicação. Esfregue a tintura no couro cabeludo e ao longo de todo o comprimento do cabelo com um cotonete antes de ir para a

cama. Recomenda-se realizar este procedimento 2 vezes por semana. O número total de procedimentos deve ser pelo menos 10.

Decocção de ervas para cabelos secos com pontas duplas

Requeridos:20 g de erva de São João, 25 g de raiz de bardana picada e botões de bétula, 30 g de flores de calêndula, 1/2 litro de água.

Método de cozimento. Misture os ingredientes, despeje água fervente sobre ela e ferva em banho-maria por 20 minutos. Em seguida, retire do fogo e deixe em infusão por 30 minutos sob uma tampa bem fechada.

Modo de aplicação. Enxágue o cabelo com decocção após a lavagem.

Com um problema como o cabelo seco, vários óleos e cremes são recomendados. Eles são esfregados com movimentos leves de massagem, o que ajuda a aumentar a circulação sanguínea e melhorar a nutrição da pele. Aconselhamos que você mesmo prepare vários óleos de plantas medicinais. Para fazer isso, você precisa aquecer uma das plantas que você precisa com um pouco de óleo vegetal em banho-maria, seguido de sua filtragem. Você pode usar várias ervas que ajudam a fortalecer o cabelo, ou misturas delas. Aqui está uma receita para um desses óleos.

Óleo de semente de Althea

Requeridos:1 colher de chá de sementes de marshmallow, 1/2 xícara de óleo vegetal. Método de cozimento. Misture os ingredientes e aqueça banho-maria por 1 hora, coar.

Modo de aplicação. Esfregue óleo quente no couro cabeludo 2 vezes por semana durante um mês.

Ao preparar óleo de avelãs, o óleo vegetal não é usado,

pois os próprios grãos das nozes contêm 60 a 70%

óleo graxo não secante. As nozes são esmagadas em um almofariz com uma pequena quantidade de água até obter um mingau homogêneo, que é recomendado esfregar no couro cabeludo a cada dois dias. Este procedimento estimula o crescimento do cabelo e também elimina os fenômenos da seborreia seca.

Esses procedimentos são especialmente recomendados no período quente do verão, quando sob a influência do sol os cabelos secos ficam ainda mais finos, ficam ainda mais secos, adquirindo uma aparência muito desagradável. Muitas vezes, o cabelo seco tende a dividir. Para evitar esse problema, recomendamos enxaguar o cabelo depois de lavá-lo com uma infusão de sálvia, dente de leão e banana (1 colher de sopa de uma mistura de folhas esmagadas dessas plantas em 1 xícara de água fervente).

Se você tem cabelos secos, deve prestar atenção à sua dieta, pois é uma nutrição defeituosa e inadequada que pode causar esse problema. Com o cabelo seco, é desejável incluir no cardápio alimentos ricos em vitaminas, principalmente vitamina A. Ovos, manteiga, leite, cenoura, abóbora, repolho de todos os tipos, caqui, laranja devem estar presentes em sua alimentação diária. Além disso, a lecitina é um alimento muito bom para esse cabelo. Portanto, reabasteça sua dieta com alimentos que contenham essa substância, como o chocolate.

Agora vamos falar sobre os cuidados com o cabelo normal. Este cabelo é elástico, brilhante, fácil de pentear. Lave o cabelo conforme necessário, depois de amaciar a água. Para fazer isso, adicione bicarbonato de sódio a ele. Após a lavagem, é bom enxaguá-los com infusão de camomila, se você tiver cabelos claros, urtiga, erva de São João. Não faz mal se você adicionar algumas gotas de suco de limão à água. Tudo isso dará ao cabelo um brilho bonito e saudável.

Como vivemos em uma época ambientalmente desfavorável e, além disso, levamos um estilo de vida pouco saudável, é bastante natural que o estado do nosso corpo não possa ser considerado bom, muito menos ideal. E isso, como regra, afeta imediatamente nossa aparência, incluindo o cabelo. Portanto, para fortalecer a força do nosso cabelo, é recomendado de tempos em tempos.

.

Decocção de lúpulo para cabelos normais

Requeridos:15 g de cones de lúpulo, 10 g de flores de calêndula, 20 g de raízes de bardana esmagadas, 2 xícaras de água.

Método de cozimento. Triture os ingredientes e misture.

Despeje a mistura resultante com água fervente, resfrie o caldo e coe.

Modo de aplicação. Use uma decocção para enxaguar o cabelo ou esfregue 2 vezes por semana nas raízes do cabelo.

Decocção para crescimento intensivo do cabelo

Requeridos:30 g de raiz de bardana, 10 g de flores de calêndula, 20 g de cones de lúpulo, 1 litro de água.

Método de cozimento. Rale a raiz de bardana em um ralador fino, misture com calêndula e cones de lúpulo, despeje água fervente sobre ela e cozinhe por 30 minutos. Em seguida, esfrie e coe.

Modo de aplicação. Enxágue o cabelo com decocção após cada lavagem.

Muitas vezes, nosso corpo carece de vitaminas e várias substâncias biologicamente ativas necessárias para a saúde e o crescimento normal do cabelo. Além disso, nossos maus hábitos também desempenham um papel importante nisso. Assim, por exemplo, o café ajuda a eliminar todas as substâncias de que precisamos do corpo, e a nicotina atua destrutivamente. Como resultado, nosso cabelo fica opaco, fino e quebradiço. Para manter a saúde do cabelo, recomendamos de tempos em tempos, e principalmente no inverno e outono, fazer misturas de nutrientes.

55

Mistura de vitalidade capilar

Requeridos:1 gema de ovo, 10 gotas de glicerina, 1 ampola de ácido ascórbico, 3 colheres de chá. agua.

Método de cozimento. Misture a gema, a glicerina e o ácido ascórbico e adicione a água morna fervida, mexa até obter uma massa homogênea.

Modo de aplicação. Esfregue a mistura nos cabelos ainda molhados após a lavagem, distribua uniformemente por toda a superfície da cabeça. De cima, cubra a cabeça com polietileno e uma toalha felpuda. Após 30 minutos, enxágue a mistura com água morna, penteie o cabelo com uma escova.

Mistura de cabelo nutritivo

Requeridos:1º. eu. folhas de banana esmagadas, flores de camomila, sálvia e folhas de urtiga, 200 g de pão de centeio, 1 copo de água.

Método de cozimento. Despeje água fervente sobre a mistura de ervas e deixe em infusão por 1 hora. Em seguida, coe e adicione a migalha de pão de centeio à infusão. Mexa até ficar homogêneo.

Modo de aplicação. Esfregue o mingau quente nas raízes do cabelo e cubra com uma toalha felpuda por cima. A duração deste procedimento é de 2 horas. Enxágüe com água morna sem shampoo.

Como você já deve ter notado, essa mistura é rica em vitaminas: C dá brilho e saúde aos cabelos, e os grupos B (pão de centeio) ativam o metabolismo, deixando os cabelos fortes e fortes. Nós iremos

a adicionar uma dose de rum à água de enxágue dará ao seu cabelo um brilho extra e um tom dourado. Eles também adquirirão um brilho saudável e natural se você escovar todos os dias com uma escova de cerdas naturais. E, finalmente, queremos lembrá-lo mais uma vez que o cabelo é um espelho da sua saúde.

Portanto, se você quer ter cabelos bonitos e saudáveis, cuide da sua saúde em primeiro lugar. E com a ajuda de nossas receitas e dicas, você pode mantê-los em boas condições. E você conseguirá isso sem muita dificuldade, pois todas as receitas propostas são muito simples e não exigem muito tempo para cozinhar, nem condições especialmente criadas para execução ou componentes exóticos.

Capítulo 3
Máscaras e envolvimentos para cabelos danificados

Caspa

Cada pessoa está em constante renovação da pele, inclusive na cabeça. Portanto, esses pequenos pedaços de pele que estão constantemente descascando não devem surpreendê-lo. Eles geralmente não são perceptíveis, especialmente se você lavar o cabelo na hora. Mas se você vir escamas brancas em suas roupas, já pode falar sobre caspa. Não caia em desespero, você pode se livrar dele rápido o suficiente. Mas lembre-se de que, por si só, sem tratamento especial e cuidados com os cabelos, a caspa não desaparecerá. Ela ocorre por vários motivos. Entre eles, fadiga e estresse, desnutrição, falta de vitaminas, cuidados inadequados com os cabelos.Para se livrar da caspa, lave o cabelo com infusões e decocções especiais.

Enxágue anticaspa (3)

Requeridos:150 g de folhas de urtiga, 1/2 litro de água e vinagre de mesa.

Método de cozimento. Despeje as folhas de urtiga com água, leve ao fogo e deixe ferver por 40 minutos. Depois disso, deixe o caldo descansar por 10 minutos, coe e deixe esfriar. Adicione vinagre.

Modo de aplicação. Lave o cabelo com decocção todos os dias. Ao mesmo tempo, massageie suavemente a pele em suas raízes.

Se você tem cabelos loiros, este remédio pode dar ao seu cabelo um tom dourado com o uso regular.

Requeridos:1º. eu. amônia, 1 colher de chá. beber refrigerante, 2 litros de água.

Método de cozimento. Dilua o refrigerante em água, adicione amônia, misture tudo bem.

Modo de aplicação. Enxágue o cabelo após cada lavagem.

Não é difícil se livrar da caspa, mas se você iniciar a doença, pode levar a um teste mais sério - seborreia.

Se houver irritação óbvia no couro cabeludo, ele responde dolorosamente a cada toque, então provavelmente você tem seborreia. Pode estar associado tanto a cuidados inadequados com os cabelos quanto a anormalidades hormonais no corpo. Para o seu tratamento, é necessário estabelecer a causa exata da doença e iniciar um efeito complexo em todo o corpo.

No entanto, não é recomendado tratar-se, consulte o seu médico.

Agora existem muitos meios especiais para eliminar esta doença. Você pode combiná-los com sucesso com receitas folclóricas. A fricção especial irá ajudá-lo na luta contra a seborreia. Você também pode usá-los para a caspa. Existem dois tipos de seborreia: oleosa e seca. Para combater a seborreia oleosa, use a seguinte fricção.

Bálsamo contra a seborreia oleosa (3)

Requeridos:3 arte. eu. suco de capuchinha.

Modo de aplicação. Esfregue o suco no couro cabeludo, massageando-o suavemente. Repita o procedimento todos os dias até que os sintomas da doença desapareçam completamente.

Bálsamo de Tansy contra a seborreia (3)

Requeridos:2 colheres de sopa. eu. flores de tansy, 1 xícara de água fervente.

Método de cozimento. Despeje as flores de tansy com água fervente e deixe em infusão sob a tampa por 20 minutos. Depois disso, coe a infusão e deixe esfriar.

Modo de aplicação. Esfregue a infusão com movimentos suaves no couro cabeludo todos os dias até que os sinais da doença desapareçam completamente.

Da seborreia seca, outros remédios populares ajudam.

Bálsamo de óleo contra a seborreia seca (3)

Requeridos:1/2 colher de chá. óleos de bardana e rícino.

Método de cozimento. Misture óleos.

Modo de aplicação. Massageie o couro cabeludo, esfregando uma mistura de óleos pouco

por pouco. Repita o procedimento todos os dias.

Mistura de mel contra a seborreia (3)

Requeridos:1 colher de chá de mel, maionese e óleo de rícino.

Método de cozimento. Misture o mel e a maionese, esfregue bem para que não haja grumos e adicione óleo de rícino.

Modo de aplicação. Aplique a mistura no cabelo e deixe por 30 minutos. Depois disso, enxágue com água morna.

Perda de cabelo

Se você sentir que está perdendo muito cabelo em um dia, conte os cabelos que caem. Para fazer isso, pegue todo o cabelo do pente e conte seu número. Faça esse procedimento por três dias e não lave o cabelo durante esse período. Conte apenas o cabelo que caiu, não o cabelo quebrado. Eles podem ser distinguidos pela raiz no final dos cabelos caídos, que se parece com uma pequena foca esbranquiçada. O cabelo quebrado não tem esse engrossamento.

Se em um dia você perder uma média de até 100 fios de cabelo, não há motivos para se preocupar - isso é normal. Mas você deve ter cuidado se o número de cabelos caindo por dia exceder esse número. Não adie o tratamento - quanto mais cedo você o iniciar, mais rápido você fortalecerá seu cabelo.

Existem várias razões para a queda de cabelo. Isso inclui uma dieta desequilibrada, falta de vitaminas no corpo e, portanto, no couro cabeludo, responsável por nutrir o cabelo.

Cuidados inadequados, permanentes, tingimento de cabelos finos, secagem frequente com secador também podem levar à queda de cabelo. Portanto, primeiro elimine todos os fatores adversos e preste atenção especial à nutrição, hidratação suficiente do couro cabeludo e amaciamento e fortalecimento do cabelo. Para fazer isso, você pode usar xampus e bálsamos especiais de empresas de cosméticos conhecidas. Lave o cabelo com xampu duas vezes, a segunda vez deixando-o no cabelo por um tempo. Após o enxágue, aplique o bálsamo nos cabelos limpos e úmidos e deixe agir pelo tempo indicado nas instruções.

Aplique o xampu e o bálsamo no cabelo com movimentos suaves de massagem, sem pressionar com força o couro cabeludo e sem machucá-lo com as unhas. Esfregando suavemente no bálsamo

в pele, você contribui para uma melhor absorção dos nutrientes que compõem sua composição e massageia bem o couro cabeludo. Tudo isso terá um efeito benéfico em sua condição e fortalecerá o cabelo, pois ajuda a melhorar a circulação sanguínea na pele.

Para fortalecer o cabelo e evitar a queda, não é necessário estocar produtos caros. Você pode faça tudo o que você precisa para cuidar da queda de cabelo em casa.

Por exemplo, use envoltórios especiais. Assim, o envolvimento com proteínas será uma excelente fonte de nutrição para o seu cabelo, tornando-o forte e brilhante e evitando a queda de cabelo.

Mistura de perda de cabelo (3)

Requeridos:6 arte. eu. grãos de trigo germinados, 3 gemas, 1 colher de sopa. eu. azeite, 2 colheres de sopa. eu. creme de leite, 50 g de conhaque.

Método de cozimento. Moa os grãos de trigo e misture-os com as gemas. Adicione o conhaque, a manteiga e o creme de leite. Misture tudo cuidadosamente.

Modo de aplicação. Aplique a mistura no cabelo molhado e limpo, enrole a cabeça com uma toalha e deixe por 30 minutos. Depois disso, enxágue bem o cabelo com água morna e depois quente.

Para cabelos secos e finos, especialmente se foram expostos ao sol forte ou produtos químicos, use produtos com óleos.

Envoltório para cabelos secos (3)

Requeridos:1 colher de chá de óleo de rícino, 2 colheres de chá. óleo de bardana, 1 colher de sopa.

eu. seiva de bétula.

Método de cozimento. Misture os óleos de mamona e bardana.

Adicione a seiva de bétula e misture tudo bem.

Modo de aplicação. Aplique a mistura no cabelo, massageando o couro cabeludo, coloque uma touca de banho ou enrole a cabeça com um pedaço de polietileno, coloque uma touca quente por cima. Sair

enrole por 2 horas. Depois disso, enxágue o cabelo com água morna e prossiga com a lavagem com xampu.

Envoltório para cabelos secos com suco de limão (3)

Requeridos:2 colheres de chá. óleos de mamona e bardana, 1 colher de sopa. eu. suco de limão, 1 colher de chá. querida.

Modo de aplicação. Misture óleos. Dilua o mel no suco de limão, adicione 2 colheres de chá cada. óleo de rícino e bardana.

Modo de aplicação. Aplique a mistura no cabelo, massageando bem no couro cabeludo. Cubra o cabelo com um pedaço de polietileno e coloque um chapéu quente por cima. Após 1,5 horas, enxágue bem o cabelo com água morna e comece a lavar com xampu.

Envoltório de alho para cabelos oleosos (3)

Requeridos:1 colher de chá de mel, 2 gemas, 3 dentes de alho, 3 colheres de sopa.

eu. shampoo para cabelos oleosos.

Modo de aplicação. Esfregue os dentes de alho em um ralador fino, misture com o mel e a gema amassada. Adicione xampu. Misture tudo cuidadosamente.

Modo de aplicação. Aplique a mistura nos cabelos molhados e deixe por 30 minutos. Depois disso, enxágue bem o cabelo com água morna

Envoltório de cebola para cabelos oleosos (3)

Requeridos:1 xícara de cones de lúpulo, 2 cebolas, 1 raiz de bardana, 1 1/2 xícaras de água.

Método de cozimento. Rale a cebola e esprema o suco. Traga água para a fervura. Despeje os cones de lúpulo com um copo de água fervente e deixe em infusão sob a tampa por 30 minutos. Rale a raiz de bardana em um ralador fino e despeje a água fervente restante sobre ela. Insista por 1 hora. Depois disso, misture o suco de cebola com as infusões resultantes.

Modo de aplicação. Aplique a mistura no cabelo e couro cabeludo, enquanto massageia suavemente as raízes do cabelo. Enrole a cabeça em uma toalha quente e segure por 1 hora. Depois disso, lave o cabelo com água morna e não seque com secador. Use este remédio uma vez por semana durante 1-11/2 meses.

Não só fortalecerá seu cabelo, mas também dará uma aparência saudável, tornará esses produtos brilhantes e grossos.

Mistura de fortalecimento capilar (3)

Requeridos:1 ampola de vitamina D, 2 colheres de sopa. eu. óleo de rícino, 3 gemas.

Método de cozimento. Misture vitamina D com óleo de rícino.

Modo de aplicação. Esfregue a mistura no couro cabeludo e segure por 15 minutos. Enxágue com água morna e, em seguida, lave o cabelo com gemas amassadas. Realize o procedimento por três dias seguidos, faça uma pausa por uma semana. E repita o curso.

Mistura de Cebola para Cabelos Enfraquecidos (3)

Requeridos:3 cabeças de cebola, 100 g de raiz de bardana, 1 copo de água.

Método de cozimento. Pique a cebola finamente e esprema o suco. Rale as raízes de bardana, cubra com água, leve ao fogo e deixe ferver por 15 minutos. Depois disso, misture 6 partes de suco de cebola e 5 partes de decocção de raiz de bardana.

Modo de aplicação. Esfregue a mistura no couro cabeludo, massageando suavemente. Repita o procedimento por 5 dias. Faça uma pausa de 3 a 4 dias e repita o curso.

Mistura de fortalecimento capilar à base de plantas (3)

Requeridos:1º. eu. calêndula e camomila, 2 xícaras de água.

Método de cozimento. Misture as ervas e despeje em uma garrafa térmica. Ferva a água e despeje sobre a mistura de ervas. Feche a garrafa térmica e deixe em infusão por 30 minutos. Depois disso, coe a infusão e deixe esfriar.

Modo de aplicação. Esfregue a infusão no couro cabeludo todos os dias durante um mês.

Requeridos:2 cebolas, 100 g de vodka.

Método de cozimento. Descasque e rale a cebola em um ralador fino, despeje o álcool e deixe por um dia. Depois disso, coe a infusão.

Modo de aplicação. Esfregue a infusão no couro cabeludo com movimentos de massagem suaves.

Para crescer e fortalecer o cabelo, use os seguintes remédios populares.

Requeridos:40 g de raiz de bardana, 2 xícaras de água.

Método de cozimento. Rale a raiz de bardana em um ralador fino. Ferva a água, despeje a raiz de bardana ralada sobre ela. Deixe repousar 20 min. Depois disso, coloque em fogo pequeno, deixe ferver e cozinhe até que o volume do líquido seja reduzido pela metade. Deixe a decocção em infusão em um local quente.

Modo de aplicação. Esfregue a mistura no couro cabeludo várias vezes por semana.

Requeridos:30 g de folhas de bardana e urze, 10 g de chá verde, 1 1/2 litros de água.

Método de cozimento. Misture as ervas e despeje 1/2 litro de água fervente. Coloque em fogo pequeno e cozinhe por 15 minutos, coberto com uma tampa. Coe a decocção. Despeje a água fervente sobre o chá e deixe por 15 minutos. Depois disso, coe o chá e misture com uma decocção de ervas.

Modo de aplicação. Após a lavagem, enxágue o cabelo com uma decocção

и   enrole a cabeça em uma toalha quente. Após 25 minutos, retire a toalha e penteie suavemente o cabelo. Não os seque. Repita o procedimento 3 vezes por semana durante 2 semanas. Faça uma pausa de 10 a 14 dias e repita o curso.

cabelo quebradiço

Cabelos quebradiços - aqueles que não apresentam um espessamento esbranquiçado na ponta ao cair - não é menos preocupante. As pontas duplas são especialmente comuns. Como regra, as mulheres com cabelos longos sofrem com isso. O fato é que o cabelo, para manter sua elasticidade, deve ser regularmente untado com sebo. Mas as mulheres costumam lavar o cabelo muito antes do cabelo ficar oleoso, o que significa sujar todo o comprimento. Nesse caso, as pontas dos cabelos são as que mais sofrem, que, com o ressecamento excessivo, começam a rachar e quebrar.

Se o uso de xampus afetar negativamente a condição de seus cabelos, pois os desengorduram, privando-os de uma película protetora, use substitutos naturais de xampu. Eles também são bons para cabelos saudáveis, então substitua produtos químicos por eles de vez em quando.

Shampoo para cabelos normais (3)

Requeridos:2 ovos, 1/2 xícara de água.

Método de cozimento. Bata os ovos, misture-os com água morna.

Modo de aplicação. Aplique no cabelo e massageie suavemente no couro cabeludo. Lave o cabelo como shampoo. Depois disso, lave-os com água morna.

Shampoo para cabelos oleosos (3)

Requeridos:3 arte. eu. mostarda em pó, 1 litro de água.

Método de cozimento. Dissolva o pó de mostarda em 1/2 xícara de água morna e despeje o restante da água.

Modo de aplicação. Use uma mistura de lavagem de cabelo em vez de xampu. Depois disso, enxágue bem o cabelo com água morna e enxágue com água fria.

Champô de cânfora para cabelos oleosos (3)

Requeridos:2 gemas de ovo, 1/4 colher de sopa. eu. óleo de cânfora, 1/4 xícara de água.

Modo de aplicação. Misture a água com o óleo de cânfora, adicione as gemas e bata.

Modo de aplicação. Aplique a mistura no cabelo molhado e use no lugar do shampoo. Enxágue o cabelo com água morna após a lavagem.

Shampoo para cabelos secos (3)

Requeridos:200 g de pão de centeio, 1 copo
de água, 2 gemas. Método de cozimento. Corte
o pão em pedaços pequenos. Ferva a água e
despeje sobre o pão. Cubra e coloque em um
lugar quente por 1-2 dias. Depois disso
adicione
gemas de ovo amassadas e misture tudo muito bem.
Modo de aplicação. Aplique a mistura no cabelo
e aplique
em vez de xampu. Após a lavagem, enxágue
bem o cabelo e enxágue com água fria.

Requeridos:3 gemas, 1/4 colher de chá. óleo de rícino, 1/4 xícara de água morna.

Método de cozimento. Misture as gemas com água morna, adicione o óleo de rícino e mexa bem.

Modo de aplicação. Aplique a mistura nos cabelos úmidos e massageie suavemente o couro cabeludo. Após a lavagem, enxágue o cabelo com água morna.

Se seu cabelo ficou quebradiço após uma permanente, ervas curativas ajudarão a restaurar sua saúde.

Mistura para cabelos danificados (3)

Requeridos:1º. eu. camomila, urtiga, orégano e sálvia, 2 colheres de sopa. eu. chá verde, 1 litro de água, 350 g de miolo de pão preto, 1 colher de chá. bebendo refrigerante.

Método de cozimento. Misture ervas e chá, despeje água morna e coloque em banho-maria. Cubra com uma tampa e ferva por 20 minutos. Depois disso, coe o caldo e deixe esfriar um pouco. cortar

miolo de pão em pedaços pequenos e adicione ao caldo. Misture tudo muito bem até obter uma massa mole.

Modo de aplicação. Aplique a mistura no cabelo, massageando o couro cabeludo com movimentos suaves. Cubra o cabelo com um pedaço de polietileno e enrole-o em uma toalha quente. Após 1,5 horas, lave a mistura do cabelo com água morna. Dilua o bicarbonato de sódio em bastante água e enxágue o cabelo. Deixe-os secar sem secador de cabelo.

Para cabelos secos e quebradiços, existe
outro   ótimo   remédio.

Mistura de cabelo quebradiço (3)

Requeridos:1º. eu. urtiga, flores de trevo e erva de São João, 1/2 xícara de óleo de chá.

Método de cozimento. Misture as ervas e despeje o óleo de chá. Em recipiente fechado, infundir a mistura por 10 dias, colocando em local aquecido. Depois disso, coe, aqueça um pouco.

Modo de aplicação. Massageie a mistura quente no couro cabeludo com movimentos suaves. Lave o cabelo com shampoo após 3 horas.

Toda mulher quer ter cabelos cacheados brilhantes. E se ficarem sem brilho como resultado da exposição a produtos químicos, água dura ou condições ambientais adversas, isso causa muito sofrimento. Mas você pode restaurar o brilho com remédios naturais.

Envolver com ingredientes naturais ajudará a restaurar o brilho do cabelo. As loiras devem estar cientes de que este remédio pode dar aos cabelos um tom rosa pálido. Então não
deixe-o em seu cabelo por um longo tempo e enxágüe bem o cabelo após o uso.

Mistura de cabelo opaco (3)

Requeridos:200 g de cenoura, 2 colheres de sopa. eu. suco de limão, 4 colheres de sopa. eu.

óleo de bardana.

Método de cozimento. Rale as cenouras em um ralador fino e esprema o suco. Misture o suco de cenoura com limão, adicione o óleo de bardana. Misture tudo cuidadosamente.

Modo de aplicação. Aplique a mistura no cabelo, massageando suavemente o couro cabeludo. Coloque uma touca de banho e cubra a cabeça com uma toalha grossa. Após 30 minutos, lave a mistura com água morna.

Bálsamo para cabelos opacos (3)

Requeridos:2 cebolas, 1/4 colher de chá. cravo em pó, 250 g de vodka, 2 colheres de chá. óleo de castor.

Método de cozimento. Descasque a cebola. Misture a casca com cravo, despeje a vodka e deixe por 14 dias em um recipiente bem fechado. Depois disso, coe a infusão, adicione óleo de rícino a ela.

Modo de aplicação. Aplique a infusão no cabelo uma vez ao dia por 20 a 30 dias.

Mistura de alho para cabelos opacos (3)

Requeridos:1 colher de chá de suco de alho, 1 colher de sopa. eu. suco de aloe e mel, 2 gemas.

Método de cozimento. Misture o suco de alho, suco de aloe e mel. Esfregue tudo bem. Adicione a gema à mistura e esfregue novamente.

Modo de aplicação. Aplique a mistura no cabelo úmido, cubra a cabeça com polietileno e um lenço ou toalha quente.

Deixe por 20 min. Depois disso, lave o cabelo com água morna. Bata a gema restante e unte o cabelo com ela, massageando suavemente o couro cabeludo com movimentos suaves. Após 10 minutos, enxágue bem o cabelo com água morna.

Condicionador para cabelos opacos (3)

Requeridos:1º. eu. cavalinha, urtiga e camomila, 1 litro de água.

Método de cozimento. Misture as ervas. Ferva a água e despeje sobre as ervas. Insista 20-30 minutos. Depois disso, coe a infusão e deixe esfriar um pouco.

Modo de aplicação. Enxágüe após a lavagem ou curativos.

Mistura de álcool para cabelo (3)

Requeridos:2 gemas, 2 colheres de sopa. eu. vodka.

Modo de aplicação. Misture a vodka com as gemas. Esfregue bem.

Modo de aplicação. Aplique a mistura no cabelo, massageando suavemente o couro cabeludo. Deixe por 30-35 minutos. Depois disso, lave o cabelo com água morna e enxágue com água fria.

As proteínas contidas nos seguintes produtos contribuirão para o brilho do seu cabelo.

Mistura capilar de gelatina (3)

Requeridos:1 ovo, 1 colher de sopa. eu. gelatina em pó, 2 colheres de sopa. eu. shampoo para o seu tipo de cabelo.

Método de cozimento. Bata o ovo com a gelatina, adicione o shampoo. Misture tudo muito bem até formar uma massa homogênea.

Modo de aplicação. Lubrifique o cabelo com a massa resultante e deixe por 1 hora. Depois disso, lave o cabelo com água morna e enxágue com água fria.

Seu cabelo ficará grosso, brilhante e macio após o uso de produtos especiais.

Requeridos:2 ovos, 2 colheres de sopa. eu. óleo de rícino, 1 colher de chá. vinagre, 1 colher de sopa.

eu. glicerina.

Método de cozimento. Bata os ovos até espumar, adicione óleo de rícino, vinagre e glicerina.

Modo de aplicação. Aplique a mistura nos cabelos limpos e massageie suavemente no couro cabeludo. Cubra o cabelo com um pedaço de polietileno e enrole a cabeça com uma toalha felpuda. Lave a mistura após 30 minutos com água morna.

Algumas lavagens ajudarão a deixar seu cabelo brilhante. Use, por exemplo, a seguinte receita.

Enxágue de chá para cabelos opacos (3)

Requeridos:1º. eu. chá e hortelã, 1 litro de água.

Método de cozimento. Misture o chá com hortelã e despeje água fervente sobre ele. Insista 15 min. Coe e resfrie.

Modo de aplicação. Depois de lavar ou tratar o cabelo, lave-o com a infusão resultante.

"Queridas mulheres, não tenham medo de brilhar. Seu cabelo é lindo e sua pele é divina."

Capítulo 4
Máscaras e envoltórios para cabelos coloridos

Qualquer tipo de coloração inevitavelmente leva ao enfraquecimento do cabelo.

и danos, por isso eles precisam de cuidados especiais e cuidados especiais. Tenha especial cuidado com o cabelo nas primeiras semanas após o tingimento.

Na hora de colorir, preste atenção em alguns pontos e tome alguns cuidados, pois se manuseado de forma descuidada, danos irreparáveis podem ser causados ao cabelo, e levará muito tempo para restaurá-lo.

Em primeiro lugar, não mude as cores com muita frequência, porque mesmo a coloração suave, se feita mais de três vezes por mês, pode danificar seriamente a estrutura do cabelo. Ao colorir, tente usar corantes naturais: henna, basma, casca de cebola, raiz de ruibarbo. O mais prejudicial para o cabelo é o clareamento com peridrol e outros corantes químicos fortes. Para uso permanente, é melhor usar novos produtos confiáveis que forneçam coloração suave ao cabelo.

Não clareie mais de três tons, caso contrário, o cabelo pode ser severamente danificado. Não pinte o cabelo e faça permanente ao mesmo tempo, isso é muito estresse no cabelo. Imediatamente após o tingimento, é muito importante não começar a pentear o cabelo imediatamente, pois algumas tinturas param de funcionar somente depois que o cabelo está completamente seco. Após o tingimento, certifique-se de usar produtos destinados aos cabelos que passaram por esse procedimento e, ao adquirir uma ou outra tintura, certifique-se de que acompanha o kit um xampu suave, de preferência com ervas ou com bioaditivos, além de abrilhantador .

Se antes de tingir o cabelo você costumava enrolar em altas temperaturas e penteados complexos em vários estágios, agora você precisa ou eliminá-los completamente, ou minimizá-los, pois o calor danificará as pontas do cabelo. Isso também se aplica ao secador de cabelo. Após o tingimento, não seque completamente o cabelo com um secador de cabelo, mas é ainda melhor se você secar naturalmente. Se você está tão acostumado com um secador de cabelo que não pode ficar sem ele, certifique-se de usar uma espuma suave, gel ou espuma de modelagem, e então alguma proteção será fornecida ao seu cabelo.

Imediatamente após a coloração, você pode aplicar cápsulas capilares nutritivas que contêm substâncias biologicamente ativas, como zinco e biotina, que melhoram a estrutura do cabelo colorido e o fortalecem, fortalecendo-o por dentro. Depois de lavar o cabelo, seque suavemente o cabelo com uma toalha antes de secá-lo. Cabelos coloridos molhados são mais propensos a quebras e danos. Se você vai pentear o cabelo molhado, é melhor usar um pente com dentes raros para esse fim. Se você tem cabelos compridos, comece a penteá-los pelas pontas, aproximando-se gradualmente do couro cabeludo para evitar danos.

Para fortalecer os cabelos coloridos, é útil lavar o cabelo com um ovo uma vez por semana: quebre 2 ovos de galinha em um copo, despeje água morna, mexendo os ovos continuamente para que não enrolem. Molhe o cabelo com água quente, despeje sobre o ovo e esfregue com força com os dedos na pele. Depois disso, lave a cabeça em água corrente e penteie o cabelo com um pente.

Para mais fortalecimento do cabelo tingido, você pode usar o seguinte método. Lave a cabeça com um ovo

como descrito acima e enxágue. Em seguida, esfregue uma gema no couro cabeludo e enrole-a em uma toalha felpuda grossa. Enxágue o cabelo com água morna após 10 minutos.

Para estimular os cabelos coloridos, é útil usar gemas de ovo batidas até ficarem espumosas, cuja quantidade depende do comprimento do cabelo e do grau de coloração. Aplique a espuma nos cabelos úmidos ou secos e massageie a cabeça por 5 minutos. Enxágue a espuma apenas com água morna, porque a gema quente pode ferver.

Para cabelos coloridos muito enfraquecidos, aplique esta espuma 2-3 vezes em uma lavagem, como se estivesse ensaboando o cabelo e massageando a cabeça, e depois enxágue com água. Para aumentar o efeito de cura, adicione 1 colher de chá de espuma de ovo batido. suco de limão.

É útil enxaguar o cabelo tingido após a lavagem com água com a adição de suco de limão. O vinagre também pode ser adicionado à mesma solução, mas depois disso você precisa enxaguar a cabeça com água corrente limpa, porque o vinagre tem um cheiro persistente. Os proprietários de pele seca e cabelos tingidos danificados são recomendados para manchar o couro cabeludo com óleo de bardana e, em seguida, o cabelo ficará novamente elástico e macio.

Cabelos coloridos precisam de nutrição extra. Para fazer isso, use vários bálsamos terapêuticos e lave o cabelo com xampus nutritivos. Agora existem muitos produtos maravilhosos para fortalecer os cabelos danificados e tingidos, que os ajudam a se recuperar o mais rápido possível. Por exemplo, um brilho de cabelo especial contém um complexo multivitamínico B e é projetado especificamente para o cuidado de cabelos coloridos e danificados. Deve ser pulverizado no cabelo molhado após a lavagem e, em seguida, massageie levemente a cabeça.

Remédio popular para cabelos danificados e dando-lhes um tom saudável, use uma mistura que pode ser preparada e

condições de casa. Atenção: a decocção possui uma cor escura que permanece no cabelo mesmo após o enxágue, por isso não é recomendado para loiras ou donos de outros tons claros usá-la.

Decocção de casca de carvalho para cabelos coloridos

Requeridos:1/2 xícara de casca de carvalho picada, 1/2 xícara de casca de cebola.

Método de cozimento. Despeje um copo da mistura com 1 litro de água fervente, cozinhe por cerca de 1 hora e deixe esfriar.

Modo de aplicação. Molhe o cabelo com a decocção resultante. Amarre a cabeça com um lenço quente e mantenha-o por 1 hora. Ao retirar o curativo, seque o cabelo ao ar livre ou com secador, mas de forma suave.

Se você perceber que depois de tingir seu cabelo começou a cair intensamente, use uma tintura de pimentão vermelho, que, quando muito diluída, provoca uma corrida de sangue para o couro cabeludo e, assim, melhora sua nutrição.

Tintura de pimenta vermelha para cabelos fracos

Requeridos:1/4 pimenta vermelha, 1/4 xícara de álcool. Método de cozimento. Pique a pimenta vermelha e despeje

álcool. Insista por uma semana e depois coe. Em seguida, pegue 1 parte da tintura preparada e dilua com 10 partes de água fervida.

Modo de aplicação. Esfregue bem a tintura preparada dessa maneira na pele do couro cabeludo. Use-o 2-3 vezes por semana e às vezes deixe-o durante a noite.

Quando o cabelo danificado cai, a raiz de cálamo é usada na forma de loções e fricções.

Uma decocção de rizomas de cálamo contra a perda de cabelo

Requeridos:1º. eu. raízes de cálamo esmagadas, 1 xícara de água fervente. Método de cozimento. Faça uma decocção de raízes esmagadas

и rizomas, despejando as raízes com um copo de água fervente, e deixe por cerca de meia hora (de preferência em uma garrafa térmica).

Modo de aplicação. Esfregue uma decocção de raízes de cálamo no couro cabeludo por 20 minutos, enxágue com água morna.

Outro remédio que ajuda a fortalecer o cabelo é o darminol. É um óleo essencial que é obtido a partir de flores de absinto. Lavzonia pode ser usado para os mesmos fins.

prática cosmética geralmente usa tinta de lavzonia

- a henna não é apenas uma tintura, mas também um fortalecedor de cabelo. Em casa, você também pode usar henna para fortalecer o cabelo. Para fazer isso, despeje 25 g de henna com água quente, mexa até formar uma polpa e aplique uniformemente nos cabelos levemente úmidos. Após cerca de 40 minutos, lave o cabelo com água morna sem sabão.

Você pode obter um efeito ainda mais confiável se misturar henna com basma na proporção de 1: 1. As loiras também podem usar uma infusão de flores de camomila. Esta infusão não só fortalece o cabelo, mas dá-lhes um tom amarelo dourado. Após esse enxágue, seu cabelo ficará macio e brilhante e ninguém vai adivinhar que está tingido.

"Um cabelo bonito só pode vir de uma alma bonita."

Lavagem de camomila

Requeridos:25 g de flores de camomila, 3 xícaras de água.

Método de cozimento. Despeje água quente sobre as flores de camomila, deixe por 1 hora e depois coe.

Modo de aplicação. Com a decocção preparada e umedeça bem o cabelo após a lavagem.

Outra receita para cabelos loiros: camomila e alecrim.

Infusão de camomila e alecrim

Requeridos:2 colheres de sopa. eu. camomila e alecrim, 3/4 xícara de vodka. Método de cozimento. Despeje a vodka sobre camomila e alecrim

coloque a tintura em um local escuro e guarde-a por duas semanas, agitando vigorosamente todos os dias. Quando a tintura estiver pronta, coe-a com gaze, despeje em um recipiente limpo e tampe.

Modo de aplicação. Duas vezes por semana, limpe o couro cabeludo à noite com uma escova de dentes macia, molhando-o na infusão preparada.

O cabelo tingido é bem enxaguado com infusão de milefólio, celandina, camomila e sálvia - igualmente. 1º. eu. desta coleta, despeje 1 litro de água fervente e deixe por 30 minutos em um local quente.

Lavar com pão de centeio tem um excelente efeito nos cabelos tingidos. 200-300 g de pão de centeio, despeje 1 litro de água fervente e deixe por 3-6 horas em um local quente. Coe a água do grão, filtre por várias camadas de gaze e aplique a pasta formada na parte de baixo nos cabelos, massageando, depois enxágue com água morna. Este procedimento estimula bem o crescimento e trata os cabelos danificados após o tingimento.

Os cabelos tingidos escuros podem ser enxaguados com uma decocção de lúpulo: um punhado de lúpulo e um punhado de tártaro, despeje 1 litro de água, ferva por 20 minutos, coe, esfrie e enxágue o cabelo com a decocção pronta.

Os envoltórios de lama são muito úteis para cabelos coloridos. Envoltórios com lama terapêutica do Mar Morto restauram o cabelo, cuidam dele, ao mesmo tempo melhoram a circulação sanguínea no couro cabeludo e regulam o teor de gordura. Após a lavagem, lubrifique generosamente o cabelo com este produto, esfregando-o na cabeça com movimentos leves de massagem, e enxágue abundantemente com água morna após 15 minutos.

A limpeza suave e o cuidado completo dos cabelos coloridos são fornecidos por xampus suaves com óleo de gergelim ou proteínas de soja. Penteie bem o cabelo antes de lavar, pois o cabelo molhado é muito sensível. Em nenhum caso, não

esfregue-os após a lavagem, apenas torça-os
suavemente com uma toalha, de preferência
pré-aquecida.

Para restaurar o cabelo tingido severamente danificado, é recomendado um tratamento especial com hidratantes como leite de coco, óleo de amêndoa ou extrato de gérmen de trigo. Os mais ideais e úteis hoje são os produtos desenvolvidos mais recentemente com efeito térmico (são aplicados em cabelos tingidos de forma quente).

O cabelo tingido precisa de um corte oportuno de pontas secas e quebradiças. Além disso, uma vez por semana, faça um tratamento capilar restaurador com vitamina E ou esfregue óleo de gérmen de trigo no cabelo e depois enxágue bem. De vez em quando, aplique ingredientes curativos no cabelo seco.

Os óleos vegetais e animais são muito úteis para cabelos tingidos, que têm um efeito benéfico na condição de cabelos danificados e couro cabeludo seco. Por exemplo, pontas duplas de cabelos coloridos podem ser tratadas com óleo de peixe ou óleo de rícino. Como resultado da coloração, não só o cabelo, mas também o couro cabeludo sofrem, resultando em caspa e coceira. Nesse caso, o suco de cebola e alho pode ser usado, pois o enxofre e o ácido contidos neles têm um efeito benéfico no couro cabeludo e nas raízes dos cabelos tingidos.

B uma mistura de cebola e alho, você pode adicionar óleo vegetal e suco de limão. Pegue todos os componentes em partes iguais. Aplique-os nos cabelos levemente úmidos com leves movimentos de massagem e deixe agir por cerca de meia hora. Enxágüe com água morna com ácido cítrico ou vinagre adicionado.

Para cuidar de cabelos tingidos de escuro, você pode usar urtiga comum, bem como tansy.

Limpador de urtiga para cabelos coloridos

Requeridos:100 g de folhas de urtiga picadas, 1/2 litro de vinagre. Método de cozimento. Mergulhe as folhas de urtiga no vinagre cozinhe por meia hora, coe.

Modo de aplicação. Com a decocção preparada, lave o cabelo diariamente por 10 dias sem shampoo.

chá de tansy

Requeridos:1º. eu. hastes esmagadas e flores de tansy, 2 xícaras de água.

Método de cozimento. Caules finamente picados e flores de tansy despeje água fervente, deixe por 2 horas no calor e depois coe.

Modo de aplicação. Limpe o couro cabeludo com as folhas de chá preparadas após cada lavagem.

Para cuidar de cabelos tingidos, você pode usar alho selvagem ou alho selvagem. Prepare um mingau de cebola recém-esmagada e esfregue-o no cabelo. Combine este procedimento com suco de cebola esfregando no couro cabeludo. As partes frescas subterrâneas dos bulbos contêm dissulfetos, que têm um efeito benéfico na estrutura interna do cabelo danificado. Neste caso, o óleo de rícino também é insubstituível. É obtido a partir de sementes de mamona, tem

um maravilhoso efeito curativo em cabelos coloridos.

Você pode lubrificar a cabeça diretamente com óleo ou fazê-la como ingrediente em outras pomadas. No óleo de mamona, amêndoa ou pêssego, você pode insistir nas raízes de bardana ou bardana na proporção de 1:10 e usá-la para tratamento. O óleo de bardana tem um efeito antimicrobiano e estimulante do crescimento capilar. Mas o efeito será apenas se você começar a esfregar óleo de bardana na cabeça diariamente. Muito útil para lubrificar
couro cabeludo com óleo de bardana imediatamente após o tingimento - e seu cabelo ficará elástico e macio.

Para aplicação tópica, você pode usar uma infusão quente de cestas de flores de centáurea em vinagre e água.

"Meninas de cabelo colorido são almas ciganas e espíritos livres."

Infusão de centáurea azul com vinagre

Requeridos:1 xícara de água, 1 xícara de vinagre, 1 colher de sopa. eu. cestas de flores.

Método de cozimento. Misture água com vinagre e adicione cestas de flores, em seguida, coe a solução.

Modo de aplicação. Esfregue o líquido resultante diariamente
в couro cabeludo, pré-aquecimento.

Para estimular o crescimento de cabelos tingidos, use a seguinte receita.

decocção de heléboro

Requeridos:50 g de raízes de heléboro perfumadas, 1 copo de vinagre, 25 g de raiz de marshmallow.

Método de cozimento. Ferva a raiz de heléboro em um copo de vinagre até que o líquido seja reduzido pela metade, depois coe e misture com a raiz de marshmallow, infundida em água por 1 hora, coe a infusão novamente.

Modo de aplicação. Esfregue esta mistura no couro cabeludo duas vezes ao dia.

Para o tratamento de cabelos tingidos, as pessoas usam amplamente uma mistura que inclui banana, sálvia, camomila, urtiga, orégano e celandina, tomadas igualmente.

Máscara de ervas para cabelos coloridos

Requeridos:1 colher de chá de folhas de banana esmagadas, 1 colher de chá.

folhas de sálvia, 1 colher de chá. folhas de urtiga, 1 colher de chá. folhas de orégano, 1 colher de chá.

eu. folhas e flores de celandine, 1 copo de água, 300 g de pão preto.

Método de cozimento. Despeje uma mistura de ervas com água fervente, deixe por 1 hora, coe, adicione o pão preto e misture bem todos os ingredientes até ficar homogêneo.

Modo de aplicação. Esfregue a mistura quente no couro cabeludo, amarre-a com um lenço quente ou filme plástico e segure por 2 horas. Depois disso, enxágue com água morna sem shampoo e seque ao ar.Para cabelos coloridos, é muito útil a massagem na cabeça com escova ou dedos, realizada por 10 minutos diários. Comece a massagem nas áreas periféricas do couro cabeludo e vá gradualmente até a coroa. Assim, você aumentará o fluxo sanguíneo para as raízes do cabelo e melhorará sua nutrição. Durante a massagem, você pode usar bálsamos especiais, géis, geleias e outros produtos capilares nutritivos e curativos. Massageie com movimentos enérgicos, mas não bruscos, e você precisa ter um cuidado especial com danos significativos aos cabelos tingidos. Coloque os polegares nas têmporas, com a ajuda dos dedos restantes em um movimento circular, começando pela testa e movendo-se gradualmente até a coroa, massageie toda a cabeça. Massageie apenas com as pontas dos dedos, caso contrário pode danificar o couro cabeludo, que já sofreu com o uso de corantes.

"Felicidade é quando alguém elogia seu cabelo.

www.ingramcontent.com/pod-product-compliance
Lightning Source LLC
Chambersburg PA
CBHW070854260726
48661CB00004B/1411